Majas großer Tag

~ Eine Sommergeschichte ~

aus der Reihe

Majas neue Abenteuer

von Ines Wiesner

Darum geht's…

Maja ist mit ihrer Familie aus dem Ostsee-Urlaub zurück. Zuhause angekommen, steht der kleinen Familie aber bereits ein neues Abenteuer bevor. Obwohl alles geplant ist, bleiben noch einige Vorbereitungen.

Könnt ihr euch vorstellen, um was es in Majas neuem Abenteuer geht? Ich verspreche euch, es wird spannend und aufregend.

Aber, lest selbst…

Eine Geschichte für Jung und Alt.

„Lesen ist ein großes Wunder."

(Marie von Ebner-Eschenbach)

Kapitel 1

Als Maja die Augen aufschlug lag sie, mit ihrer Plüschkatze Cleopatra im Arm, in ihrem Bett. Sie guckte sich um, sie war wieder Zuhause. Also war ihr schöner Urlaub, von dem sie so lange geträumt hatte, am großen Wasser wirklich vorbei.

Auf dem Wecker, der auf ihrem Nachtschrank stand, war es bereits um 10. „Da habe ich aber lange geschlafen", dachte Maja. „Nun muss ich aber schnell aufstehen, Mutti, Vati und Flori warten bestimmt schon auf mich."

Aber im ganzen Haus war es mucksmäuschenstill. Waren ihre Eltern und ihr Bruder Florian etwa ohne sie weggefahren? Schnell ging Maja ins Bad, wusch sich und putze ihre Zähne. Danach zog sie sich an und machte ihr Bett.

Mit ihrer Cleo im Arm ging sie nach unten, in die Küche. Es war wirklich Niemand da.

Im gleichen Augenblick klingelte das Telefon, welches auf dem Küchentisch lag. Maja drückte auf den grünen Knopf und nahm mit den Worten: „Hallo, Maja am Apparat" das Telefon an ihr Ohr. Da hörte sie auch schon ihre Mutti sagen: „Guten Morgen, mein Schatz, hast du gut geschlafen? Wir sind kurz unterwegs etwas einkaufen und kommen bald wieder nach Hause."

Maja nickte nur, bis ihr auffiel, dass das ihre Mutti sie ja gar nicht sehen konnte und antwortete: „Ja, ich habe gut und lange geschlafen. Ich bin gerade erst aufgewacht und da wart ihr nicht da. Aber jetzt weiß ich Bescheid. Bis dann." Sie hörte Florian im Hintergrund brabbeln und ihre Mutti sagen: „Bis gleich, mein Schatz, wir beeilen uns." Dann drückte Maja den roten Knopf am Telefon und legte es wieder auf den Tisch.

Jetzt grummelte es, wie auf Bestellung, in ihrem Bauch. Da bemerkte Maja, dass sie noch gar nicht gefrühstückt hatte. Sie holte sich eine Tasse und Kakao aus dem Schrank. Die Milch nahm sie aus dem Kühlschrank. Zwei gehäufte Teelöffel Kakao gab sie in die Tasse, dann goss die Milch dazu und rührte um. Danach toastete Maja sich zwei Scheiben Brot. Als sie fertig waren, bestrich sie diese mit

Butter und Erdbeermarmelade, die sie zuvor aus dem Kühlschrank geholt hatte.

Die Erdbeermarmelade hatten sie aus dem Urlaub, von „Karls Erdbeerhof" aus Rövershagen, mitgebracht. Jetzt setze sie sich mit ihrem Frühstück an den Tisch und ließ es sich schmecken.

Kurze Zeit später hörte Maja den Schlüssel im Türschloss. Da kam auch schon Flori, ihr kleiner Bruder, laut ihren Namen rufend um die Ecke gerannt. „Gut das sie mit Essen fertig war", dachte Maja, „sonst hätte er ihr bestimmt alles weggegessen." Schnell räumte Maja noch den Tisch ab. Im Nu war alles wieder ordentlich.

Jetzt kamen auch ihre Eltern zur Tür herein. Sie stellten ihre vollgepackten Einkaufstaschen ab und begrüßten Maja freundlich. Ihr Vati sagte: „Sei froh, dass du nicht mit einkaufen gewesen bist, da war vielleicht etwas los." Maja nickte und lachte nur.

Ihre Mutti musste auch lachen, denn im Supermarkt, um die Ecke, muss es wirklich chaotisch zugegangen sein. Aber, sie hatten alles, was sie für Majas großen Tag brauchten, bekommen. Schnell half sie die Taschen ausräumen und ruck zuck waren die Einkäufe weggeräumt.

***

Kapitel 2

Jetzt, da alle wieder zuhause waren, konnten die Vorbereitungen für Majas großen Tag, ihren Schuleingang, beginnen.

Vati und Flori gingen in den Garten. Dort waren bereits Tom, Majas bester Freund, sein kleiner Bruder Paul und seine Eltern.

„Die Männer", also Tom, sein Vati und der kleine Paul wollten zusammen mit Majas Vati und Flori das große Partyzelt aufbauen.

Dieses hatte Toms Vati mitgebracht. Die Tische und Stühle, die dann dort hineingestellt werden sollten, wurden gerade angeliefert.

Majas Familie hatte zwar selber einen Tisch und sechs Stühle, aber die würden nicht für alle Gäste, die zu Majas und Toms Schuleingang kommen würden, reichen.

Also wurde jetzt ein Stuhl nach dem anderen und ein Tisch nach dem anderen aus einem Transporter geladen und in den Garten gestellt. Dort sah es jetzt ganz schön unordentlich aus. Aber das würde schon noch werden.

Toms Mutti kam zu Maja und ihrer Mutti ins Haus. Gleich würde es in der Küche rundgehen. Denn es war noch viel zu tun. Zusammen wollten die Drei sich um das leibliche Wohl, für die morgige Feier, kümmern.

Nun ging es los. Es wurden Kartoffeln geschält und gekocht. Die Nudeln kochten bereits auf dem Herd. Gemüse wurde geputzt und geschnippelt.

Viel zu tun hatten die Drei, aber es machte allen großen Spaß.

Und so verging die Zeit wie im Fluge. Eine gut gefüllte Schüssel nach der anderen verschwand im großen Kühlschrank, der im Keller auf solch eine Gelegenheit wartete.

Plötzlich wurde es laut im Garten. Maja rannte an die Terrassentür. Sie war sehr neugierig was da draußen los war und musste gucken, warum plötzlich alle jubelten. Da stand doch tatsächlich Maria.

Sie war ihre ehemalige Kindergärtnerin. Maja freute sich riesig Maria zu sehen. Schön, dass sie vorbeigekommen war. Und schon rannte sie ihr entgegen.

Schnell stellte Maria die zwei Kisten, die sie in den Händen gehalten hatte, auf den Tisch und nahm Maja in den Arm. Die Freude bei Beiden, sich wiederzusehen, war groß.

Maria sagte: „Hilfe Maja, du wirfst mich ja fast um." Da mussten alle laut lachen. Mittlerweile waren auch die Muttis herausgekommen und hatten Maria, wie auch die Vatis, Flori, Tom und Paul, herzlich begrüßt.

Ganz aufgeregt nahm Maja Maria an die Hand und wollte sie ins Haus ziehen. Diese sagte aber: „Warte Maja, zuerst muss der Kuchen in den Kühlschrank." Lachend deutete sie auf die beiden **Kisten**. Daraufhin nahm Maja eine in die Hände und Maria **die andere** und die Beiden gingen in den Keller. Gut, dass dort der große Kühlschrank stand. Etwas Platz war da noch, also stellten sie den Kuchen hinein.

Aber dann, Maja konnte es kaum abwarten, gingen die Beiden hinauf in ihr Zimmer. Maja zog Maria regelrecht hinter sich her. Sie kam gar nicht so schnell die Treppen hinauf.

In ihrem Zimmer, im Obergeschoss, hatte Maja das Geschenk, welches sie für Maria, aus dem Urlaub mitgebracht hatte.

Schnell holte sie die kleine Schachtel aus ihrem Nachtschrank und gab sie Maria. Diese guckte Maja mit großen Augen an und fragte: „Ist das etwa für mich?" Maja strahlte und nickte Maria zu.

Dann öffnete Maria die kleine Schachtel und staunte nicht schlecht. Maja hatte ihr tatsächlich einen Hühnergott aus ihrem Urlaub am großen Wasser, von der Ostsee, mitgebracht.

Daraufhin nahm sie ihre kleine Freundin in den Arm und drückte sie fest an sich. Maria war sehr gerührt von Majas Geschenk und freute sich riesig darüber. Ganz leise flüsterte Maria Maja ein „Dankeschön" ins Ohr.

***

Kapitel 3

Als Maria und Maja wieder nach unten kamen waren die Vorbereitungen immer noch voll im Gange.

Majas Mutti rief: „Ihr kommt gerade zur rechten Zeit, ihr Zwei. Es müssen noch viele Luftballons aufgeblasen werden und die bunten Girlanden sollen auch noch aufgehangen werden." Da freuten sich die Beiden und gingen an die Arbeit.

Bloß gut, dass Toms Vati eine Pumpe für das Aufblasen der Ballons mitgebracht hatte. Bei sooo vielen Luftballons würde ihnen sonst bald die Luft ausgehen.

Draußen, im Garten, sah es schon richtig schön aus. Das Partyzelt war aufgebaut. Die Tische und Stühle standen auch schon drin. Die Muttis legten gerade Kissen auf die Stühle und Decken auf die Tische. Eine bunte Beleuchtung sah Maja auch schon im

Zelt. Nun kamen die Girlanden dran, danach wurden die Ballons einer nach dem anderen aufgehängt. Das sah richtig toll, nach einer richtigen Party, aus.

Mittlerweile war es Abend geworden. Alle waren hungrig. Als sie dann zusammen am Abendbrottisch saßen, hauten sie kräftig rein. Nur Maja brachte kaum einen Bissen herunter.

Bisher war sie nicht aufgeregt, aber jetzt wurde ihr langsam bewusst, was morgen für ein Tag war. Das merkte Tom natürlich und nahm ihre Hand, dabei sagte er: „Maja, ich bin auch aufgeregt, aber zusammen schaffen wir das." Da guckte Maja ihren Tom an, nickte und lächelte.

Nun schaffte sie auch ihre belegten Schnitten, die sie sich ausgesucht und auf ihren Teller gelegt hatte. Sogar eine kleine Schüssel von ihrem Lieblingssalat verschwand noch in ihrem Bauch.

Nach dem gemeinsamen Essen verabschiedeten sich Tom, sein kleiner Bruder Paul, seine Eltern und Maria und verabredeten sich bis morgen, zur großen Feierstunde in der Schule.

Jetzt wurde es Zeit für Flori ins Bett zu gehen. Auch wenn er das nicht wollte, aber der kleine Mann musste morgen, an Majas großem Tag, ausgeschlafen sein.

Währenddessen verschwand Vati noch einmal. Er sagte, dass er noch einen Termin hat, aber gleich wieder da ist und zwinkerte Mutti zu. Sie nickte und lächelte ihn wissend an.

Maja stieg die Treppen nach oben und ging in ihr Zimmer. Sie knipste ihre Nachttischlampe an. Dann öffnete sie ihren großen Kleiderschrank und nahm ihren neuen roten Ranzen, mit der schwarzen Katze drauf, heraus. Sie lächelte als sie ihn betrachtete. Nun stellte sie ihn ganz vorsichtig neben ihren Nachtschrank. Dann ging sie erneut zum Schrank und holte ihre neuen Schuhe und ihr Kleid, welches sie morgen anziehen würde, heraus. Sie strich vorsichtig über den feinen Stoff, dann schloss sie den Schrank und hängte den Bügel daran.

Kurze Zeit später kam ihre Mutti ins Zimmer und fragte: „Na, mein Schatz, ist alles in Ordnung bei dir?" Maja holte tief Luft und sagte: „Ja Mutti, ich bin nur etwas aufgeregt. Aber ich freue mich schon sehr auf den morgigen Tag." Da war ihre Mutti beruhigt und drückte Maja liebevoll an sich. Daraufhin schmiegte sie sich ganz doll an ihre Mutti und hielt sie sehr fest.

Auf einmal hörten sie Geräusche, die von unten kamen. Maja löste sich von ihrer Mutti und guckte sie erstaunt an. Diese sagte: „Das ist nur Vati. Er hat doch gesagt, dass es nur kurz weg ist." Da war Maja beruhigt. Jetzt konnte sie ins Bett gehen und schlafen.

Mutti hatte die Gedanken ihrer Tochter gelesen und sagte: „Langsam ist es Zeit ins Bett zu gehen. Ich werde kurz noch mit Vati reden und mich dann auch hinlegen. Morgen steht uns ein schöner, aber sicher auch sehr anstrengender Tag bevor. Gute Nacht, mein Kind." Maja nickte. Dann gab Mutti ihr noch einen Kuss und verschwand.

Maja machte sich bettfertig und legte sich mit ihrer Cleo, die sie ganz fest an sich drückte, ins Bett. Sie machte das Licht auf dem Nachtschrank aus und schloss die Augen.

Trotz der Aufregung musste Maja recht schnell eingeschlafen sein, denn als ihr Vati noch einmal nach ihr guckte, schlief sie schon tief und fest. Er ging zu ihr ans Bett, gab ihr einen Kuss auf die Stirn und flüsterte: „Schlaf gut, mein Schatz."

Nun konnte auch er beruhigt zu seiner Frau ins Bett gehen. Mutti schaute ihn fragend an, als er zur Tür hereinkam, aber er nickte nur und da wusste sie, dass alles in Ordnung war und Maja bereits schlief.

***

Kapitel 4

Am nächsten Morgen, es war gerade kurz nach 7 Uhr, wachte Maja auf. Die ersten Sonnenstrahlen kamen schon zu ihrem Fenster herein und kitzelten sie an der Nase. Sie reckte und streckte sich.

Gutgelaunt schlug sie ihre Bettdecke zurück und hüpfte aus dem Bett. Sie war ohne ihren Wecker, denn sie sich am Abend gestellt hatte, wach geworden. Schnell schaltete sie ihn aus, jetzt war sie ja wach und sie musste nicht mehr von ihm geweckt werden.

Von unten kamen auch schon die ersten Geräusche. Sie hörte Geschirr klappern und die Kaffeemaschine gurgeln. Also musste sie sich beeilen. Maja schlüpfte in ihre Hausschuhe und ging ins Bad. Dort machte sie sich frisch, wusch sich und putze ihre Zähne. Danach schlüpfte sie, vorübergehend, in ihren roten Lieblings-

Jogginganzug. Den würde sie dann, nach dem Frühstück, gegen ihr neues rotes Kleid eintauschen.

Gutgelaunt, mit einem Lied auf den Lippen, hüpfte Maja die Treppen hinunter. Da kam ihr auch schon ihr kleiner Bruder Florian entgegen. Sie nahm ihn an die Hand und ging, mit ihm zusammen, zu ihren Eltern in die Küche. Dort wurden die Zwei schon erwartet.

Wie aus einem Mund wurde sie von ihrer Mutti und ihrem Vati mit einem „Guten Morgen, liebe Maja." begrüßt. Maja gab den Gruß lachend an ihre Eltern zurück.

„Na, hast du Hunger?", fragte sie ihre Mutti. „Nicht so richtig.", antwortete Maja, „Darf ich bitte nur ein paar Cornflakes mit Milch haben?" „Aber klar doch, mein Kind.", antwortete ihre Mutti und schob ihr eine Packung Milch und ihre Lieblingscornflakes rüber.

Nach dem Frühstück räumten alle schnell den Tisch ab und die Küche auf und machten sich für Majas großen Tag fertig. Denn schon um 10 sollte es in der Schule losgehen.

Gerade als alle angezogen und startklar waren, klingelte es an der Tür. Draußen stand ihr bester Freund Tom mit seinen Eltern und seinem kleinen Bruder Paul um sie abzuholen.

„Kommt doch herein, ihr Vier, wir sind auch gleich soweit.", sagte Majas Mutti. „Ein bisschen Zeit haben wir ja noch." So konnte Maja, ganz in Ruhe, noch einmal in ihren Ranzen gucken und ihn dann auf die Schultern nehmen.

Die Überraschung war Tom und seiner Familie gelungen. Sie hatten sich gestern gar nicht ausgemacht, dass sie heute zusammen in die Schule gehen wollten. Oder hatte es Maja nur vergessen?

Aber so war ihr Tom nun mal, er wusste immer ganz genau, wenn Maja ihn besonders brauchte. Dafür war er auch ihr bester Freund.

Jetzt nahm Tom Maja an die Hand, die leicht zitterte, und hielt sie fest. Nun konnte es losgehen…

***

Kapitel 5

Schon von Weitem sah Maja Marias Auto auf dem Parkplatz, neben der Schule, stehen. Sie guckte sich suchend um und da entdeckte sie sie.

Maria hatte vier Zuckertüten im Arm, zwei Große und zwei Kleine. Sie wartete am großen Tor vor der Schule.

Als alle bei Maria angekommen waren, drückte sie erst Maja und dann Tom und gratulierte ihnen zum Schuleingang. Die Beiden freuten sich sehr das Maria hier war und natürlich auch über die Zuckertüten, die Maria ihnen mitgebracht hatte.

Danach begrüßte sie auch Majas und Toms Eltern und ihre Geschwister. Die zwei kleinen Zuckertüten bekamen Flori und Paul. Die Beiden juchzten vor Freude, das Maria auch an sie gedacht hatte.

Alle waren froh, dass Maria zur Schule gekommen war und Maja und Tom auf diesem Weg begleiten wollte. Gleich würde es losgehen. Schnell brachten die Vatis die Zuckertüten noch in Marias Auto.

Auf einmal erklang, durch die aufgestellten Lautsprecher, im Schulhof eine Durchsage: „Liebe ABC - Schützen, liebe Eltern und Familien, bitte kommt in die Aula unserer Schule. Die Feierstunde wird in wenigen Minuten beginnen."

Daraufhin gingen alle zusammen, den hineinströmenden Menschen hinterher, in die festlich geschmückte Aula der Schule.

Maja und Tom durften ganz nach vorn, bei **ihren** zukünftigen Mitschülern und ihrer Klassenlehrerin Frau Richter sitzen. Ihre Familienangehörigen und Maria nahmen ein paar Reihen weiter hinten Platz. Als Maja sich hilfesuchend nach ihnen umdrehte winkten ihre Mutti und Maria ihr fröhlich zu.

Auf einmal begann Musik zu spielen und es wurde ruhiger im Saal. Eine Frau in einem schicken karierten Kostüm betrat die Bühne und ging ans Mikrofon. Dann begann sie zu sprechen.

Sie stellte sich als Direktorin der Schule vor und begrüßte alle, die im Saal Platz genommen hatten, zur Feierstunde.

Dann wurde es kurz still und eine andere Musik erklang. Plötzlich kamen ganz viele Kinder auf die Bühne gerannt.

Die Direktorin, Frau Maier, begrüßte die Kinder und stellte sie als die 2. Klassen vor, die die ABC - Schützen und ihre Familien jetzt mit ein paar Liedern und Tänzen willkommen heißen wollen.

Tom, der neben Maja saß, stupste sie vorsichtig an und flüsterte: „Nächstes Jahr stehen wir mit da oben und begrüßen die Neuen." Er grinste übers ganze Gesicht. Daraufhin nickte Maja und lächelte Tom an, der ihre Hand in Seine nahm und ganz doll festhielt.

Als das Programm zu Ende war, klatschte der ganze Saal laut Beifall. Danach übernahm Frau Maier wieder das Mikrofon und das Wort.

Sie rief Majas und Toms Klassenlehrerin, Frau Richter, und noch eine weitere Frau, die die Beiden noch nicht kannten, auf die Bühne. Sie stellte die beiden Frauen den Anwesenden als die Klassenlehrerinnen der beiden neuen 1. Klassen vor.

Die drei Frauen traten nach vorn, an den Rand der Bühne und auf einmal ging der große rote Vorhang, hinter ihnen, zu. Dann rumpelte es hinter dem Vorhang mächtig.

Maja guckte Tom ganz erschrocken und fragend an. Sie sagte aber keinen Ton, viel zu aufgeregt war sie. Tom hielt ihre kalte Hand ganz fest in seiner Hand. Er war genauso gespannt und aufgeregt wie Maja.

Dann hörte das Rumpeln hinter dem Vorhang schlagartig auf, leise Musik erklang und ganz vorsichtig öffnete sich der rote Vorhang, Stück für Stück, wieder.

Frau Maier, Frau Richter und Frau König, die Klassenlehrerin der anderen 1. Klasse, traten in die Mitte der Bühne. Dort standen zwei große Bäume. Und an den Ästen der Bäume hingen viele bunte Zuckertüten. Auch die Kinder der 2. Klassen waren wieder da und warteten auf ihren Einsatz.

An jedem Baum lehnte eine Leiter. Maja und Tom guckten sich fragend an. Wie sollten die Zuckertüten da nur wieder runterkommen? Aber schon ging es los.

Unten, an den Bäumen, standen Turnschuhe, was die Kinder schon mit großer Verwunderung gesehen hatten. Diese zogen sich jetzt Frau Richter und Frau König an. Klar, mit ihren Absatzschuhen konnten sie nicht auf die Leitern steigen.

Als sie ihre Schuhe gewechselt hatten, stiegen sie, Frau Richter auf der linken Seite und Frau König auf der rechten Seite nach oben. Alle staunten und klatschten Beifall.

Nun wurden die Zuckertüten, eine nach der Anderen, von den Ästen abgenommen. Die Kinder der 2. Klassen nahmen sie von den beiden Lehrerinnen entgegen. Als die Bäume leer waren, stiegen sie die Leitern herunter, wechselten ihre Turnschuhe wieder gegen ihre Absatzschuhe und traten nach vorn. Da gab es erneut lauten Beifall vom Publikum.

Die Direktorin, Frau Maier, ergriff erneut das Wort. Sie bedankte sich bei Frau Richter und Frau König für ihren Einsatz an den Zuckertütenbäumen und übergab jeder von ihnen ein Mikrofon und eine Liste.

Jetzt wurde es spannend und die ABC - Schützen, natürlich auch Maja und Tom, wurden unruhig. Da begann ihre Klassenlehrerin mit dem Vorlesen von Namen, die auf der Liste standen.

Fünf Namen lass Frau Richter vor, doch Maja und Tom waren nicht dabei. Die aufgerufenen Kinder standen juchzend von ihren Stühlen auf und gingen hinauf auf die Bühne.

Mit jedem Kind sprach die Lehrerin, gab ihnen die Hand und überreichte ihnen eine Zuckertüte. Dann war Frau König an der Reihe, auch sie nannte fünf Namen. Und so ging es hin und her.

Maja und Tom waren so aufgeregt, sie konnten kaum noch stillsitzen. Aber dann war es endlich soweit. Frau Richter las ihre Namen von der Liste vor.

Maja hatte es gar nicht gehört. Aber Tom sprang sofort auf und zog sie mit sich. Hand in Hand gingen sie auf die Bühne, wo Beide nun endlich ihre langersehnte Zuckertüte bekommen sollten.

Nun standen sie da oben, auf der großen Bühne, vor all den vielen Leuten im Saal, Maja und Tom mit drei weiteren Kindern und gucken die Lehrerin aufgeregt an. Sie sprach noch ein paar liebe Worte zu jedem Einzelnen von ihnen, gratulierte zum Schuleingang und dann war es endlich soweit.

Als ein Kind mit einer blauen Zuckertüte und einem Piraten drauf, auf sie zu kam, wusste Maja ganz genau, dass Tom jetzt gleich an der Reihe war. Maja war die Nächste. Ihre Zuckertüte war rot, wie konnte es auch anders sein, und hatte viele kleine Kätzchen und eine große schwarze Katze, sie sah fast wie Cleopatra aus, darauf. Sie freute sich riesig über ihre Zuckertüte und strahlte übers ganze Gesicht.

Als sie nach unten, in die Augen der vielen Menschen, die vor der Bühne saßen, guckte, entdeckte sie ihre Mutti und Maria, die sich mit einem Taschentuch die Tränen vom Gesicht wischten. Nun gratulierte auch noch Frau Maier Maja und ihren zukünftigen Mitschülern und dann durften sie die Bühne verlassen.

Mit ihren Zuckertüten im Arm nahmen alle noch einmal auf ihren Stühlen Platz. Auch Frau Richter setzte sich noch einmal zu den Kindern ihrer 1. Klasse.

Die Direktorin sprach zum Abschluss noch ein paar Worte. Sie wünschte den ABC - Schützen eine schöne erste Kennenlernstunde mit ihren Lehrerinnen und hinterher allen eine schöne Feier mit ihren Familien und Freunden. Alle bedankten sich und klatschten laut Beifall.

Die Kinder der beiden 1. Klassen stellten sich auf und folgten ihren Lehrerinnen nach draußen. Dort warteten bereits die Fotografen und machten das erste Klassenfoto.

Danach wurden auch noch Bilder mit den Familien und Freunden gemacht. Als das erledigt war, sollte es zum Kennenlernen, ins Klassenzimmer gehen. Wie auf Bestellung kamen Majas und Toms Vatis auf sie zu und nahmen ihnen die Zuckertüten ab. Das taten dann auch die anderen Eltern.

Frau Richter teile den Familien noch mit, dass sie ihre Kinder in einer Stunde hier wieder abholen können und so gingen Maja, Tom und ihre neuen Klassenkammeraden zum ersten Mal mit ihrer Lehrerin in die Schule in ihr Klassenzimmer.

Bloß gut, dass es Maja und ihre Familie nicht weit bis nach Hause hatten. Maria war, mit ihrem Auto, der Zuckertütenexpress. So mussten diese nicht getragen werden. Die Anderen gingen, bis auf Maja und Tom, nach Hause und bereiteten schon einmal alles weitere für die Feier vor.

Als die Kennenlernstunde, mit Stundenplan- und Bücherausgabe, vorbei war, warteten auch schon Majas und Toms Vatis und natürlich auch noch andere Eltern auf dem Schulhof. Laut schnatternd und von den Ereignissen total aufgekratzt gingen die Vier nach Hause. Dort wurden sie schon vom Rest der Familie und Maria erwartet.

Nun wurde der Schulranzen erst einmal ausgepackt und alles gezeigt und erklärt. Maja und Tom waren mächtig stolz. Ab heute waren sie Schulkinder und schon bald würden sie Schreiben, Rechnen und noch viele andere Sachen erlernen.

***

Kapitel 6

Die Zeit war beim Erzählen sehr schnell vergangen…

In der Zwischenzeit war es schon fast 14 Uhr. Gleich würden die anderen Gäste kommen und sie würden alle zusammen Kaffee und Kakao trinken, Kuchen und Torte essen.

Und da hörte Maja auch schon ein Auto ankommen. Kurz darauf klappten die Autotüren und es erklangen auch schon die Stimmen von Jani, Olaf und ihrem Sohn Hinnerk. Er war etwas älter als sie.

Die kleine Familie hatten sie in ihrem Urlaub am „Großen Wasser" kennengelernt und sich mit ihnen angefreundet. Da sie sich so gut verstanden haben und weitere Zeit zusammen verbringen wollten, hatte Majas Familie die Drei direkt zum

Schuleingang eingeladen. Dazu waren sie extra, aus Rostock angereist.

Kaum waren sie in den Garten getreten, hielt ein weiteres Auto vor dem Haus. Das mussten die anderen erwarteten Gäste sein, ging es Maja durch den Kopf. Und tatsächlich, aus dem Auto stiegen Almut und Arne. Die Beiden hatten es nicht ganz so weit, wie Hinnerk und seine Eltern., sie kamen aus Leipzig.

Nun waren sie erst einmal vollzählig und die Feier konnte beginnen. In der Küche gluckerte, wie auf Bestellung, die Kaffeemaschine. Maria deckte schnell noch mit Maja und Tom die Tische mit Tellern, Tassen und Besteck ein. Toms Mutti, Jani und Almut holten die Torten und die Kuchen.

In der Zwischenzeit holte Majas Mutti den Kaffee für die Erwachsenen und den Kakao für die Kinder aus der Küche. Nun setzen sich alle an die Tische und hauten kräftig rein.

Das Mittagessen war ja, durch die Feierstunde und die Kennenlernstunde in der Schule, ausgefallen. Aber das hatte Niemanden gestört.

Als alle fertig waren, wurden mit vereinten Kräften die Tische wieder abgeräumt und alles in Ordnung gebracht.

Dann gab es Geschenke. Jani und Almut hatten große Tüten aus ihren Autos geholt, die jetzt ausgeräumt wurden. Jeder bekam etwas ab, nicht nur Maja und Tom, bekamen Geschenke, auch Flori und Paul durften sich über Überraschungen aus Rostock und Leipzig freuen.

Als alles ausgepackt, begutachtet und sich mit vielen Worten, Drückern und Küsschen bedankt worden war, konnte die Schuleingangs - Party nun richtig beginnen. Die Muttis und Vatis, von Maja und Tom, hatten sich einiges einfallen lassen und vorbereitet.

Zuerst wurde Eierlaufen gespielt. Das war gar nicht so einfach, schließlich musste das Ei auf dem Löffel liegen bleiben, während man aber auch noch rennen musste, denn man wollte ja der Erste sein. Dann holte Vati die Kartoffelsäcke aus dem Schuppen. Maja hatte sich schon gewundert, warum ihre Mutti sie letztens gewaschen hatte. Jetzt war ihr das klar, denn sie mussten ja hineinsteigen und damit hüpfen und wenn sie nicht gewaschen wären, würden sie sich jetzt schmutzig machen. Das Hüpfen in den Säcken war auch leichter gedacht, als getan. Sicher könnt ihr **euch** das vorstellen.

Plötzlich war Jani verschwunden. Zurück kam sie mit Töpfen und Rührlöffeln, die sie aus dem Auto geholt hatte. Die Töpfe waren schon reichlich verbeult. Was wollte sie nur damit? Könnt ihr es euch denken? Ja, genau, jetzt war Topfschlagen an der Reihe und dafür kann man natürlich keine neuen Töpfe nehmen.

Nach einigen lustigen Spielrunden waren alle ganz schön außer Atem und mussten sich etwas ausruhen. Sie hatten alle zusammen viel Spaß.

Aber jetzt gab es erst einmal für alle Kinder einen leckeren selbergemachten Eistee, zur Erfrischung. Dann ging es auf die große Hollywoodschaukel. Almut, sie ist Lehrerin, hatte ein großes Geschichtenbuch dabei und las daraus vor. Ihr werdet es nicht glauben, aber Flori und Paul waren sogar eingeschlafen.

Nach der kleinen Pause und dem Ausruhen ging es weiter. Lisa und Tim, Majas und **Tom**s beste Freunde aus dem „Kindergarten Wirbelwind" waren mit ihren Eltern gekommen. Wie schön, nun war Maja nicht mehr das einzige Mädchen, jetzt wo Lisa da war.

Es gab wieder Geschenke. Die Freude war groß. Nach dem Auspacken und Bedanken wurde von den Vatis der Grill angeheizt und es wurden Steaks und Würstchen draufgelegt.

Mmmhhh… Es roch sooo gut. Wie auf Bestellung knurrte Majas Bauch laut. Alle mussten lachen, denn das passierte Maja fast immer, wenn es lecker roch.

Die Kinder deckten mit Maria die Tische mit Tellern und Besteck ein und die Muttis holten die Salate aus dem Kühlschrank.

Und, ihr werdet es nicht glauben, der Duft von leckerem Gegrillten hatte sogar Cleo, Engel und Nikolaus, die drei Katzen aus dem „Kindergarten Wirbelwind", der ja nicht weit weg war, angelockt.

Die Kinder, ganz besonders Maja, und natürlich auch die Erwachsenen, ins besondere Maria, freuten sich sehr über den tierischen Besuch.

Da aber das Essen, vor allem das Gegrillte, noch nicht ganz fertig war, wurde erst einmal ausgiebig geschmust und gekuschelt. Das genossen Cleo und ihre Kinder natürlich sehr.

Als dann zum Essen gerufen wurde, waren die Drei natürlich, ganz vorn, mit von der Partie. Alle setzen sich auf ihren Platz. Es gab Steaks, Bratwurst, Baguettes, Kartoffelsalat, Nudelsalat und bunten Gemüsesalat.

Für jeden Geschmack war etwas mit dabei. Und, wie konnte es anders sein, fiel natürlich auch das ein oder andere Stück für die drei Katzen mit ab.

Die Vatis wurden gelobt, weil sie so gut gegrillt hatten und die Muttis wurden für die leckeren Salate gelobt. Alle waren gut gelaunt.

Nachdem alle satt waren, wurden mit vereinten Kräften die Tische wieder abgeräumt und alles in Ordnung gebracht. Für den Abend stand noch eine Modenschau und eine Kinderdisko auf dem Plan. Was alle sehr freute.

Die Kinderdisko war eine Überraschung von Olaf aus Rostock. Er hatte sein cooles DJ - Outfit angezogen und tolle Musik ausgewählt. Natürlich begleitete er auch die Modenschau mit toller Musik.

Leider war der Tag viel zu schnell zu Ende gegangen und die Gäste mussten sich verabschieden. Für Jani und ihre Familie ging es morgen wieder nach Rostock. Almut und Arne hatten es nicht ganz so weit. Sie würden gleich die Heimreise nach Leipzig antreten.

Schade, dass die Freunde nicht länger bleiben konnten, aber auch Hinnerk, Arne und Almut mussten am Montag, so wie Maja und Tom, in die Schule. Aber man versprach sich, wenn Ferien waren, bald wieder zu sehen.

Lisa und Tim mit ihren Familien verabschiedeten sich und zuletzt sagten Tom, sein kleiner Bruder Paul, seine Eltern und Maria Tschüss. Die Fünf, Tom mit Familie und Maria, wollten aber am Sonntagvormittag vorbeikommen und beim Aufräumen helfen.

Nun ging alles ganz schnell, Mutti brachte den kleinen Flori ins Bett, er war ihr schon auf dem Arm, beim Verabschieden, eingeschlafen. Maja ging nach oben in ihr Zimmer, wo sie eigentlich noch ihre Zuckertüten öffnen wollte. Schließlich war sie war ja auch neugierig und wollte wissen, was da so alles drinsteckte. Aber sie war sooo müde.

Sie machte ihre Nachtischlampe an und streichelte kurz ihre Cleo, die auf ihrem Bett saß. Dann zog sie sich schnell ihr Schlafzeug an und ging ins Bad.

Dort wusch sie sich und putzte ihre Zähne, danach fiel Maja auch schon in ihr Bett. Sie hatte noch nach ihrer Cleo gegriffen und sich mit ihrer Decke zugedeckt und schon war sie eingeschlafen.

Als ihre Eltern noch einmal in ihr Zimmer kamen, um nach ihr zu sehen, schlief sie schon tief und fest. Die Beiden lächelten sich an, gaben Maja noch einen Gute Nacht Kuss auf die Stirn, machten die Lampe auf ihrem Nachttisch aus und gingen wieder nach unten. Auch sie wollten ins Bett gehen.

Nach diesem wunderschönen ereignisreichen, aber auch sehr aufregenden Tag würden sie sicher ganz bestimmt gut schlafen und vielleicht sogar von den Ereignissen des Tages träumen.

***

Kapitel 7

In den Sonntag starteten die Vier ganz entspannt. Erst wurde zusammen gefrühstückt und dann war es endlich soweit. Maja öffnete ihre Zuckertüten, fünf Stück hatte sie bekommen. Eine, die größte war aus der Schule. Dann hatte sie eine von Tom und seiner Familie und eine von Maria bekommen. Jani und Almut hatten ihr auch eine mitgebracht.

Und so hatte sie insgesamt fünf Zuckertüten zum Auspacken. Was da alles herauskam… eine elektrische Zahnbürste, ein Farbkasten, eine kleine Federtasche, Buntstifte, Bleistifte, Radiergummi, Spitzer, Lineal, Sportzeug, Sachen, wie ein T-Shirt, eine kurze Hose, Unterwäsche und natürlich auch Süßigkeiten, die durften bei einer „Zuckertüte" ja nicht fehlen.

Ihre Freunde und Familie waren sehr einfallsreich gewesen und Maja freute sich über jedes einzelne

Stück. Doch jetzt musste ganz schnell alles wieder weggeräumt werden, wobei ihr natürlich ihre Mutti half, denn gleich würden Maria und Tom mit seiner Familie zum Aufräumen vorbeikommen.

Gesagt, getan und schon klingelte es an der Tür. Freudestrahlend kam Tom mit der Frage: „Hast du schon deine Zuckertüten ausgepackt?". hereingestürmt. Maja nickte nur und zeigte auf die leeren Tüten. Alles andere hatte sie ja bereits mit Hilfe ihrer Mutti weggeräumt. Da staunte Tom, dass Maja so schnell war. Er hatte auch fünf Zuckertüten bekommen. „Bei mir liegt Zuhause noch alles rum", sagte Tom, „ich bin noch nicht soweit wie du." Da musste Maja lachen, so kannte sie ihren Tom.

Mittlerweile waren alle hereingekommen und hatten sich begrüßt. Nun ging es ans Aufräumen, in den Garten.

Zuerst wurden, im Partyzelt, die Ballons und Girlanden abgenommen. Dann waren die Vatis dran, sie kümmerten sich um die Beleuchtung. Maja und Tom hatten die Decken und Kissen von den Tischen und Stühlen genommen und räumten sie in den Schrank in Vatis Werkstatt.

Plötzlich hielt ein Auto vor dem Haus. Ganz schnell wurden die ausgeliehenen Tische und Stühle zusammengestellt und in den Transporter geladen. So schnell wie das Auto gekommen war, fuhr es auch wieder weg.

Das Partyzelt wurde abgebaut, zusammengepackt und an den Rand gestellt. Das würde später Toms Vati wieder mitnehmen.

Nun standen nur noch ein Tisch und ein paar Stühle im Garten. Auf dem Tisch warteten bereits kühle Getränke auf die fleißigen Helfer. Schließlich machte Arbeiten ja auch durstig. Ganz schnell war nun der Garten wieder so hergerichtet, als hätte hier nie eine Schuleingangsfeier stattgefunden.

Plötzlich fragte Majas Mutti: „Liebe Helfer, wir haben noch so viele Reste von gestern. Es sind noch Salate und Würstchen da. Habt ihr Lust darauf mit uns zu Grillen und die Reste zu vertilgen?" Da kam von Allen, wie aus einem Mund, ein lautes JAAA.

Und schon hatten die Vatis die Kohle im Grill angezündet und die Würstchen draufgelegt. Maja und Tom holten Teller und Besteck und ihre Mutti den Salat. So hatten alle, nach der Arbeit, noch eine gute Zeit zusammen und gingen gestärkt, am späten Nachmittag, wieder nach Hause.

Am frühen Abend holte Maja ihren neuen roten Schulranzen hervor. Zusammen mit ihren Eltern guckten sie sich den Stundenplan und die anderen Unterlagen, die sie gestern von Frau Richter bekommen hatten, an. Es war auch noch Einiges auszufüllen, was ihre Mutti und ihr Vati gleich erledigten.

Maja staunte, morgen sollte es gleich mit einer Stunde Deutsch, einer Stunde Mathe und zwei Stunden Sport losgehen. Also hatte sie morgen vier Stunden Unterricht. 8 Uhr würde es losgehen und 11.30 Uhr war Schluss. Zusammen, mit ihrer Mutti, packte sie alles für den morgigen ersten Schultag in den Ranzen.

Mittlerweile freute sie sich auf morgen, war aber auch unheimlich aufgeregt. Anfangs hatte Maja etwas Angst, wie das Alles werden würde, aber sie hatte ja Tom, ihren besten Freund. Er hatte ihr versprochen, sie jeden Morgen abzuholen, um zusammen mit ihr zur Schule zu gehen. Nach dem Unterricht wollten sie auch gemeinsam nach Hause gehen. Er wohnte ja nur ein paar Häuser weiter.

In Gedanken versunken saß Maja da. Sie war sehr froh, dass sie ihren Tom hatte und er mit ihr in die Klasse ging. So konnten sie sich gegenseitig helfen, zusammen lernen und Hausaufgaben machen. Das würde bestimmt eine richtig aufregende Zeit. So ging der Sonntagabend in Ruhe für Maja und ihre Familie zu Ende.

***

Kapitel 8

Am Montagmorgen klingelte 6.30 Uhr Majas Wecker, aber den brauchte sie gar nicht, denn sie war schon im Bad, beim Zähne putzen. Als sie damit fertig war, schüttelte sie schnell ihr Bett auf und zog sich an. Die Sachen hatte sie sich gestern Abend schon bereitgelegt. Nun verabschiedete sie sich noch von ihrer Cleo, die auf ihrem Bett saß, und ging die Treppen hinunter.

Ihre Mutti war in der Küche schon fleißig zu Gange. Flori saß am Tisch und brabbelte vor sich hin. Als er Maja sah, freute er sich und strahlte übers ganze Gesicht.

Maja sagte: „Guten Morgen, ihr Zwei." Dann gab sie Flori und ihrer Mutti einen Kuss. Sie setze sich zu den Beiden an den Tisch und sie frühstückten gemeinsam. Viel brachte Maja allerdings nicht hinunter. Nicht einmal ihre geliebten

Frühstücksflocken, die sie so mochte, wollten ihr heute richtig schmecken, denn sie war total aufgeregt.

Jetzt klingelte es auch schon an der Wohnungstür. Maja guckte ihre Mutti fragend an und sagte: „Ist es schon so spät?" Diese schüttelte nur den Kopf, beim Hinausgehen. Dann kam sie zusammen mit Tom wieder herein.

Er sagte gutgelaunt: „Guten Morgen! Bist du fertig, Maja?" Sie schüttelte den Kopf. „Nein, ich muss noch meinen Kakao trinken. Bist du nicht viel zu früh?" Da lachte Tom und sagte: „Das kann sein, aber Zuhause hat mich nichts mehr gehalten. Ich bin viel zu aufgeregt und nun bin ich eben hier." Sowas in der Art hatte sich Majas Mutti schon gedacht. Mit den Worten: „Na dann trinke doch noch einen Kakao bei uns:", schob sie Tom eine Tasse hin. Er nickte nur und trank lächelnd einen Schluck.

Als Maja fertig war, gab ihr Mutti noch ihre neue rote Brotbüchse. Maja steckte sie in den Ranzen und nahm ihn, mit Muttis Hilfe, auf die Schultern.

Dann ging es los. Tom nahm Maja an die Hand und die Beiden stapften davon. Mutti, mit Flori auf dem Arm, begleitete sie noch zur Tür und winkte ihnen hinterher. Aber die Beiden waren so in ihr Gespräch vertieft, dass sie das gar nicht mehr bemerkten.

Schon von Weitem sahen Maja und Tom, ihre Lehrerin, Frau Richter, und die Lehrerin der anderen 1. Klasse, Frau König, an der Eingangstür der Schule stehen. Sie erwarteten ihre Schützlinge um mit ihnen gemeinsam ins Klassenzimmer zu gehen.

Als nach und nach alle Kinder angekommen waren, ging es los.

Im Zimmer angekommen nahm jeder den Platz ein, den sie sich bereits am Sonnabend, in der Kennenlernstunde, ausgesucht hatten. Vorerst, hatte Frau Richter gesagt, dürften sie so sitzen bleiben, wie sie wollten. Wenn es allerdings zu Unaufmerksamkeiten, ständigem Quatschen und Stören kommen sollte, würde sie einen anderen Sitzplan machen und die Kinder auf einen anderen Platz setzen.

Bevor es mit Deutsch los ging, sammelte Frau Richter noch die Unterlagen ein, die Maja gestern Abend mit ihren Eltern ausgefüllt hatte. Auch Tom hatte alles dabei und gab seine Sachen ab.

Leider hatte es nicht bei allen geklappt. Frau Richter schrieb eine kleine Information, für die Eltern, in die Hausaufgabenhefte, dass sie bitte die Unterlagen ausfüllen und unterschreiben möchten. Sie würde sie dann morgen einsammeln.

Dann ging es aber los und alle nahmen ihre Fibel zur Hand. Die Lehrerin fragte, wer denn schon seinen Namen schreiben konnte. Da meldeten sich Maja, Tom und noch einige andere Kinder. Die Hälfte der Klasse konnte also schon ihre Namen schreiben, dachte Maja, die andere Hälfte musste es noch lernen. Sie freute sich, dass sie unter denen war, die es schon konnten.

Nach der ersten Deutschstunde kam Mathe. Maja freute sich, dass Frau Richter auch dieses Fach bei ihnen unterrichtete. Sie fand ihre Klassenlehrerein sehr nett.

Nun starteten sie mit den ersten Schreib- und Rechenversuchen mit der „1" und der „2". Zu Hilfe durften die Kinder ihre bunten Holzstäbchen nehmen. Das machte allen sehr viel Spaß.

Auch Mathe ging, für Majas Empfinden, viel zu schnell vorbei. Nun packten alle ihre Sachen zusammen.

Ehe es aber in die Sporthalle ging, war Hofpause angesagt.

Die Lehrerin forderte die Kinder auf, ihre Brotbüchsen mitzunehmen. Dann führte sie ihre Klasse auf den Hof. Dort gab es für die, die es mochten, ein Trinkpäckchen mit Milch. Maja, Tom und die anderen Kinder, ihrer Klasse, holten sich ihr

Päckchen ab und setzen sich auf die Bänke, wo sie zusammen frühstückten.

Nach der Hofpause ging es zurück in den Klassenraum. Dort holten die Kinder ihre Ranzen und Sporttaschen ab. Frau Richter brachte sie in die Sporthalle, wo sie bereits von Frau König, der Klassenleiterin der anderen 1. Klasse, ihrer Sportlehrerin erwartet wurden.

Sport hatte Maja und Tom schon immer viel Spaß gemacht. Nach der Vorstell- und Kennenlernrunde mit Frau König machten sie noch ein paar Spiele. Irgendwie vergingen die zwei Sportstunden leider viel zu schnell. Aber so ist es ja immer, wenn einem etwas besonders viel Spaß macht.

Als der Unterricht zu Ende war, gingen Tom und Maja noch mit den anderen Kindern ihrer Klasse und Frau Richter, die sie in der Sporthalle wieder abgeholt hatte, in den Speisesaal der Schule, zum Mittagessen. Dort gab es Plinsen mit Zimt und Zucker und als Kompott Apfelmus. Das schmeckte allen sehr gut.

Als alle fertig waren mit Essen und ihr Geschirr zurückgegeben hatten, begleitete ihre Klassenlehrerin die Kinder ihrer Klasse noch auf den Schulhof. Dort verabschiedete sie sich mit den Worten: „Bis morgen." Und winkte ihnen hinterher. Als sich Maja und Tom noch einmal umdrehten, ging sie gerade wieder in die Schule hinein.

Hand in Hand verließen Maja und Tom das Gelände der Schule und machten sich auf den Weg nach Hause.

Ihre Münder standen nicht still, so aufgeregt waren sie. Schon von Weitem hörte Mutti die Beiden kommen. Sie erwartete Maja und Tom bereits an der Tür und begrüßte sie mit den Worten: „Kommt doch erst einmal herein, ihr Zwei, dann könnt ihr mir alles erzählen." Maja und Tom hatten sie doch mit ihren Erzählungen schon an der Tür überfallen.

In der Küche nahm sie ihnen erst einmal die Schulranzen ab und forderte sie auf sich zu setzen. Dann servierte sie ihnen einen kühlen selbstgemachten Eistee.

Als das Geschehen war, setze sie sich zu den munter plappernden Kindern an den Tisch und lauschte ihren Erzählungen. Abwechselnd berichteten Maja und Tom von ihrem ersten aufregenden Schultag.

Nach einem zweiten Glas leckerem Eistee verabschiedete sich Tom, für heute, von Maja und ihrer Mutti und ging nach Hause. „Bis morgen früh", sagte er und verließ die Küche. Maja winkte ihm noch hinterher.

Als Tom gegangen war, brachte sie ihren Ranzen nach oben in ihr Zimmer. Dort packte sie die benötigten Schulsachen für den morgigen Tag ein.

Als sie damit fertig war, setze sie sich zu ihrer Cleo aufs Bett.

Nach einer Weile dachte Mutti, wo bleibt Maja nur und ging zu ihrem Zimmer, in die obere Etage. Da sie vom Flur aus nichts hörte, öffnete sie leise die Tür. Was sie da sah… Maja lag mit ihrer Cleo im Arm auf dem Bett und war eingeschlafen. Da musste sie lächeln, gab ihrem Kind einen zarten Kuss auf die Stirn, deckte sie mit einer leichten Decke zu und verlies so leise, wie sie gekommen war, das Kinderzimmer.

Unten angekommen spülte sie schnell die drei Gläser, aus denen sie Eistee getrunken hatten, ab und räumte sie in den Schrank. Da Flori gerade seinen Mittagschlaf machte, nahm sie sich ein Buch und setze sich in den Garten auf die Hollywoodschaukel zum Lesen. Doch lange la sie nicht, da überkam auch sie die Müdigkeit und sie schlief ein.

Nach einer Weile wurde sie von Gebrabbel und Rufen wach und da kam auch schon Maja mit Flori an der Hand, in den Garten. Sie hatte ihren kleinen Bruder gehört und aus dem Bett geholt. Lachend kamen die Zwei auf ihre Mutti zu. Maja sagte: „Da bin ich doch wirklich vorhin, in meinem Bett eingeschlafen, obwohl ich nur etwas mit meiner Cleo kuscheln und ihr von einem Tag erzählen wollte." Mutti nickte nur lachend, denn ihr war es ja ähnlich ergangen. Aber jetzt konnten die Drei den Nachmittag bei dem schönen Wetter noch draußen im Garten genießen.

Gegen Fünf kam Vati von der Arbeit nach Hause und Maja erzählte erneut von ihrem aufregenden ersten Schultag. Er freute sich sehr, dass Maja so einen guten Start in der Schule hatte.

Als sie mit ihren Erzählungen fertig war, wurde der Tisch auf der Terrasse gedeckt und alle aßen zusammen Abendbrot.

Die Zeit verging und es war Sandmännchenzeit geworden. Sandmann gucken stand, wenn es die Zeit erlaubte, für die Vier jeden Abend auf dem gemeinsamen Programm.

Danach ging es für Flori ins Bett, wo er von Mutti hingebracht wurde. Als sie wieder zurück in der Stube war, verabschiedete sich auch Maja bei ihren Eltern. Sie wünschte ihnen noch einen schönen Abend und eine Gute Nacht.

Es war zwar noch nicht so spät, aber Maja wollte in ihrem Zimmer noch etwas spielen, ehe es auch für sie Zeit wurde ins Bett zu gehen.

Und so vergingen die ersten Tage mit immer wieder neuen aufregenden Ereignissen und Erlebnissen für Maja, Tom und ihre Familien wie im Fluge…

***

Kapitel 9

Viel Neues stürmte auf Maja und ihre Familie, in den kommenden Tagen und Wochen, ein. Es blieb nicht wirklich Zeit zum Nachdenken, Grübeln und Vermissen...

Eines Abends sagte Majas Mutti zu ihr: „Hier, mein Kind, dein erster eigener Hausschlüssel." Und sie überreichte Maja einen Schlüssel. Maja griff zögernd zu und guckte sie fragend an. „Warum brauche ich denn einen Schlüssel, Mutti? Du bist doch Zuhause, wenn ich mit Tom aus der Schule komme." „Ja, mein Kind, eigentlich ist das so", sagte Mutti, „aber morgen Mittag habe ich einen Arzttermin mit Flori, der sehr wichtig ist und den ich leider nicht verschieben kann." Da machte Maja große Augen und fragte: „Da bin ich also ganz allein, wenn ich von der Schule nach Hause komme?" Mutti nickte. „Aber nicht lange, der

Termin ist um 12 und geht sicher ganz schnell. Wenn du möchtest, kannst du auch, wie immer, Tom mit reinnehmen. Dann macht ihr zusammen Hausaufgeben und wenn ihr keine aufhabt, spielt ihr einfach." Da nickte Maja. „Das ist eine gute Idee. Dann also wie immer, nur, dass du nicht da bist. So mache ich das." Ganz stolz betrachtete Maja noch einmal ihren Schlüssel, an dem ein kleines Schild mit ihrem Namen hing.

Am nächsten Tag war es dann soweit, die Schule ging schnell zu Ende. Maja und Tom hatten auch nur vier Stunden und noch dazu waren es ihre Lieblingsfächer.

Als sie, wie jeden Tag, vom Mittagessen kamen, machten sie sich auf den Weg nach Hause. Nach den ersten Schritten fiel es Maja wieder ein, dass ihre Mutti nicht Zuhause war.

Plötzlich blieb sie stehen. Erschrocken und ganz hektisch nahm Maja ihren Schulranzen vom Rücken und begann etwas zu suchen. Fragend sah Tom sie an. Aufgeregt fing sie an zu reden: „Ich habe es dir noch gar nicht erzählt, aber Mutti ist nicht Zuhause. Das hatte ich ganz vergessen. Ich habe einen eigenen Schlüssel bekommen, damit wir ins Haus können und nicht vor der verschlossenen Tür stehen müssen. Aber ich finde ihn nicht!" Da streichelte Tom ihr beruhigend über den Arm und sagte: „Maja, STOPP, bleib doch mal ruhig. Wir werden den Schlüssel schon finden." Und schon ging Tom in die Hocke und durchsuchte, ein Fach nach dem anderen, in Majas Schulranzen. Plötzlich sagte er: „Hier ist er ja." Und hielt den Schlüssel freudig strahlend in die Luft. Da fiel Maja ein Stein vom Herzen. Sie umarmte ihren Tom und bedanke sich bei ihm. Jetzt konnten sich die Zwei beruhigt auf den Nachhauseweg machen.

„Hast du eigentlich vorhin, im Matheunterricht, Cleo auf dem Fensterbrett unseres Klassenzimmers sitzen sehen?", fragte sie Tom ganz beiläufig. Maja sah ihn ganz erstaunt an. „Cleo? Unsere Cleo? Nein, ich habe sie nicht gesehen. Warum hast du mich denn nicht angestoßen oder etwas gesagt?", fragte sie ihn traurig und etwas vorwurfsvoll. „Du warst so in deine Aufgaben vertieft, da wollte ich dich nicht stören.", antwortete Tom. „Das ist sehr schade, ich hätte mich gefreut sie zu sehen.", flüsterte Maja. „Lass uns doch mal beim „Kindergarten Wirbelwind" vorbei gehen, er liegt fast auf dem Nachhauseweg, und nach Cleo gucken. Vielleicht sehen wir ja sogar Maria oder Tim und Lisa.", antwortete Tom.

Doch als sie am Kindergarten ankamen war weit und breit Niemand, nicht einmal die Schwanzspitze einer Katze, zu sehen. „Sie werden bestimmt Mittagsruhe machen.", sagte Maja leise. Daraufhin nahm Tom sie tröstend in den Arm und sie gingen weiter zu Maja nach Hause.

Mit jedem Schritt wurde Maja aufgeregter und aufgeregter. Tom merkte, dass sie rumzappelte. „Was ist denn los mit dir?", fragte Tom. Da zeigte sie auf ihren Schlüssel, den er vorhin aus ihrem Schulranzen genommen hatte. Sie hielt ihn ganz fest in ihrer Hand. Tom verstand sofort, es war ihr erstes Mal, dass sie nach Hause kam, wenn niemand da war.

An der Tür angekommen, klappte alles wunderbar. Maja steckte den Schlüssel ins Schlüsselloch und schloss die Tür auf. Alles hatte problemlos geklappt. So konnten sie Beiden hinein, ins Haus, gehen.

Sie stellten, da sie keine Hausaufgaben hatten, ihre Schulranzen in den Flur und gingen in die Küche. Dort warten bereits zwei Gläser und eine Karaffe mit, von Mutti, selbergemachtem Eistee auf sie. Die Beiden nahmen alles mit auf die Terrasse und machten es sich gemütlich. Nachdem sie ihr Glas geleert hatten gingen sie in den Garten spielen.

So verging die Zeit ganz schnell, bis Mutti und Flori nach Hause kamen. Maja und Tom waren so in ihr Spiel vertieft, dass sie die Beiden gar nicht kommen hörten. Erst als sie in den Garten kamen, hörte Maja Floris lustiges Geplapper. Daraufhin drehte sie sich ihnen zu und rannte zu ihnen hin.

Stolz sagte sie zu ihrer Mutti: „Es hat alles geklappt, obwohl ich sooo aufgeregt war." „Das freut mich, liebe Maja.", sagte Diese und drückte ihre Tochter an sich. „Du bist eben schon ein großes Mädchen. Ich bin stolz auf dich." Darüber freute sich Maja sehr und nickte ihrer Mutti zu. „Jetzt bringe ich Flori aber erst einmal ins Bett, zu seinem verspäteten Mittagsschlaf.", sagte Mutti.

Durch den Besuch beim Kinderarzt, war es später geworden als sonst. Und schon war sie mit Flori wieder im Haus verschwunden.

Nach einer Weile kam Mutti wieder heraus und setzte sich auf die Terrasse. Maja und Tom spielten zusammen im Garten. Als sie sie sahen, kamen sie zu ihr. Maja erzählte davon, was Tom gesagt hatte, dass Cleo, während ihrer Mathestunde, zu ihrem Klassenzimmerfenster hereingeguckt hatte. Sie es aber leider nicht gesehen hat und Tom es ihr erst auf dem Weg nach Hause gesagt hatte. Maja erwähnte auch, dass sie darüber sehr traurig war, Cleo nicht gesehen zu haben. Sie verschwieg ihrer Mutti auch nicht, dass sie es Tom etwas übelnahm, dass er sie nicht angestupst hatte. Diese guckte sie lächelnd an und sagte: „Cleo hat einmal den Weg zu euch gefunden, sie wird ganz sicher auch wieder vorbeikommen und euch beim Lernen zugucken." Da lächelte Maja endlich und alle Traurigkeit war vergessen.

So verging der Nachmittag wie im Fluge. Leider musste Tom dann auch nach Hause. Als er ging drehte er sich, am Gartenzaun, noch einmal zu Maja um, winkte und rief: „Bis Montag, Maja." Daraufhin rannte Maja ebenfalls zum Zaun, drückte Tom schnell noch einmal an sich und flüsterte: „Bis Montag, Tom."

***

Kapitel 10

Das Wochenende war vergangen und Punkt 6.15 Uhr, am Montagmorgen, war Maja aufgestanden. Nachdem sie ihre Zähne geputzt, sich gewaschen und angezogen hatte, ging sie in die Küche.

Dort wartete ihre Mutti bereits, mit dem Frühstück auf sie. Mit den Worten: „Guten Morgen, mein Kind." wurde sie von ihr begrüßt. Maja strahlte ihre Mutti an und antwortete: „Guten Morgen, liebe Mutti. Wo ist denn Flori?" „Er schläft noch und ich wollte ihn nicht wecken.", sagte ihre Mutti.

Als die Beiden dann zusammen am Tisch saßen, wurde beim Frühstück noch über das eine oder andere gesprochen. Als Mutti ihren Kaffee und Maja ihren Kakao ausgetrunken hatten, standen sie auf und räumten den Tisch ab.

Dann gab Mutti Maja ihre rote Brotbüchse und die neue Trinkflasche, die sie seit Kurzem mit zum Sport nahm. Maja steckte alles in ihren Ranzen.

Mittlerweile war es 7.00 Uhr geworden. Wie auf Bestellung klingelte es an der Tür. Mutti öffnete sie und Tom kam gut gelaunt, mit einem: „Guten Morgen." zu ihnen herein. „Guten Morgen." kam es von Maja und ihrer Mutti zurück.

Schnell zog sich Maja ihre Jacke an und nahm ihren Ranzen auf den Rücken. Dann verabschiedeten sich die Kinder von Mutti und verließen das Haus. Eine Weile beobachtete sie die Beiden noch, wie sie, in ein Gespräch vertieft, zur Schule gingen.

In Gedanken, wie stolz sie auf ihre Maja war, schloss sie die Tür. Von Weitem hörte sie das Gebrabbel von Flori, der jetzt auch aufstehen wollte.

Maja und Tom hatten es nicht weit zur Schule. Hand in Hand, sie waren ja beste Freunde, gingen sie ihren bekannten Weg.

Unterwegs fragte Maja: „Ob Cleo heute wieder vorbeikommt, um uns beim Lernen zu zusehen?" „Das kann sein." sagte Tom. Und schon waren sie an der Schule angekommen und wurden von ihren neuen Freunden und Klassenkameraden stürmisch begrüßt.

Kurz bevor die Kinder die Schule betreten wollten, fing es an zu regnen. Schnell nahm Tom Maja an die Hand und zog sie die Treppen hinauf. „Glück gehabt.", sagte er und schob Maja zur großen Eingangstür hinein. Sie wunderte sich, was auf einmal los war. Sie war so in Gedanken versunken gewesen, dass sie gar nicht mitbekommen hatte, dass es zu regnen begann.

Als sie im Klassenzimmer angekommen waren, fröstelte es Maja. Denn mit dem Regen war es auch kühler geworden. Der Herbst kam nun mit großen Schritten. Lange würde es nicht mehr dauern, dann würden sich die Blätter an den Bäumen bunt färben. Später würde sie dann der Wind von den Ästen fegen.

Kaum waren alle an ihren Plätzen und hatten die Schulsachen auf den Tisch gelegt, klingelte es auch schon zum Unterricht. Frau Richter betrat mit einem: „Guten Morgen, liebe Kinder." das Klassenzimmer. „Guten Morgen, Frau Richter.", gaben die Kinder gutgelaunt zurück.

Bei Frau Richter hatten sie heute Deutsch und Mathe, das waren zwei von den Fächern, die Maja besonders mochte.

Obwohl ihr der Unterricht viel Spaß machte, hing sie heute ihren Gedanken nach. Sie hoffte immer noch, dass Cleo vielleicht zum Fenster herein guckte. Aber nichts passierte.

Tom stupste sie an und flüsterte: „Denkst du an Cleo?" Daraufhin nickte Maja nur. „Sie ist ganz sicher mit Engel und Nikolaus bei Maria im warmen Kindergarten. Bei dem Regen möchte sie auch nicht spazieren gehen." Daraufhin stimme Maja Tom traurig nickend zu.

Kurz bevor der Unterricht zu Ende war, sagte Frau Richter: „Nun seid ihr schon seit 6 Wochen in der Schule, liebe Kinder, wie schnell doch die Zeit vergeht. Ihr habt schon viel gelernt und nun stehen bald eure ersten Ferien, die Herbstferien, vor der Tür." Da jubelten alle und verließen mit einem: „Tschüss, Frau Richter." den Klassenraum um zum Sport zu gehen.

Eigentlich wollten sie heute auf dem Sportplatz Sport machen. Frau König hatte extra darum gebeten, dass alle langes Sportzeug mitbringen sollten. Aber bei diesem Wetter blieben sie in der Sporthalle. Frau König hatte einen Parkour mit verschiedenen Geräten aufgebaut. Diesen zu Durchlaufen machte allen viel Spaß.

Als der Sportunterricht zu Ende war, regnete es immer noch. Das stimmte Maja sehr traurig. „Lass uns erst einmal Mittagessen gehen, vielleicht hört es ja auf zu regnen." sagte Tom. Doch er hatte Unrecht und als sie aus dem Speisesaal kamen regnete es Bindfäden. Schnell setze Maja ihre Kapuze auf.

Gerade als sie mit Tom loslaufen wollte, kam ihre Mutti mit dem Auto angefahren. Als die Kinder sie sahen, hopsten sie schnell ins Auto hinein. „Das ist ja eine Überraschung." sagte Maja strahlend. „Naja," sagte ihre Mutti „ich konnte euch ja nicht pitschenass werden lassen." Darüber freuten sich Maja und Tom sehr.

Schnell kamen sie Zuhause an. Sie bedankten sich fürs abholen und gingen ins warme Kinderzimmer. Dort machten sie ihre Hausaufgaben zusammen, unterhielten sich über die Ferien, die vor der Tür standen, und spielten.

Am späten Nachmittag, als der Regen endlich aufgehört hatte und Tom nach Hause gegangen war erzählte Maja ihren Eltern und Flori von ihrem Tag. Auch davon das es ja jetzt Herbst sei und die Herbstferien vor der Tür standen…

***

Kapitel 11

Die letzten schönen Tage waren gekommen…

Von Zeit zu Zeit guckte sogar Cleo in der Schule vorbei und beobachtete Maja, Tom und die anderen Kinder vom Fenster aus. Darüber freute sich Maja sehr und das Lernen machte gleich noch viel mehr Spaß.

Sogar Frau Richter war auf Cleo aufmerksam geworden und fragte die Kinder ihrer Klasse: „Kennt Jemand von euch die schwarze Katze, die uns ab und zu besuchen kommt und dann auf dem Fensterbrett sitzt? Sie scheint uns ja jetzt regelmäßig zu besuchen."

Daraufhin meldeten sich Maja und Tom und erzählten ihr, dass Cleo die Katze von ihrem Kindergarten sei. Sie erzählten ihr auch, dass sie Maja vor einer Weile im Kindergarten zugelaufen ist und seitdem dort, mit ihren beiden Kindern, ein Zuhause gefunden hat."

Die Geschichte gefiel Frau Richter sehr. Sie freute sich darüber, dass Cleo von den Kindern und Erzieherinnen des „Kindergarten Wirbelwind" aufgenommen worden ist und sie sich so liebevoll um sie kümmerten.

In der Hofpause zeigten Maja und Tom, Frau Richter ihren Kindergarten, der nicht weit weg von der Schule war.

Wenn man an den Zaun ging, konnte man ihn, ein paar Meter weiter, auf der anderen Straßenseite sehen. „Da drüben, Frau Richter, sehen sie? Da, im Garten, sind sogar Maria, sie war unsere Kindergärtnerin, Lisa und Tim, unsere besten Freunde, und Cleo mit ihren Kindern. Sehen sie?" Maja war ganz aufgeregt.

Frau Richter hörte den Beiden zu und sah hinüber zum Kindergarten. Als Maria und die Kinder aus dem „Kindergarten Wirbelwind", Maja, Tom und sie sahen, kamen auch sie an den Zaun, riefen ihre Namen und winkten ihnen zu. Daraufhin winkten die Drei zurück.

Schade, dass die Frühstückspause so schnell vorbei war. Nun mussten sie wieder in den Unterricht.

Winkend verließen sie den Schulhof und gingen zurück in die Schule.

Im Klassenzimmer angekommen durften Maja und Tom allen Kindern von Cleo und den Anderen berichten. Frau Richter lauschte ihren Erzählungen. Wie gut sich das alles heute entwickelt hatte, der Unterricht lief von selbst. Der Bericht von Maja und Tom passte wunderbar zu ihrem Deutsch - Unterricht.

✶✶✶

Kapitel 12

Mit diesem Freitag war der letzte Schultag vor den Herbstferien gekommen. Die Blätter waren von den Bäumen gefallen und Cleo kam jetzt regelmäßig die Kinder von Majas und Toms Klasse besuchen.

Frau Richter hatte die anderen Lehrer, die in ihrer Klasse unterrichteten, von Cleo erzählt. Sie amüsierten sich immer köstlich über den tierischen Besuch.

Kurz bevor das ersehnte Klingeln der letzten Unterrichtsstunde erklang, bat Frau Richter ihre Kinder noch um etwas.

Sie sagte: „Liebe Kinder, macht euch doch bitte, über die Herbstferien, einmal Gedanken, wohin unsere erste Exkursion, in der bevorstehenden Adventszeit, gehen soll. Ich habe da zwar auch schon eine Idee, aber ich würde mich auch über Vorschläge von euch freuen."

Sie hatte ihre Bitte noch gar nicht richtig ausgesprochen, da kamen die Kinder bereits mit den ersten Vorschlägen. Einer nach dem anderen meldete sich zu Wort.

Es wurde vom Schlossadvent auf Schloss Burgk gesprochen, die Kleinbahn mit ihren geschmückten Wagen wurden erwähnt, aber auch die Frauenkirche und der Striezelmarkt in Dresden begeisterte die Kinder sehr. Frau Richter notierte sich alles in ihr schlaues Notizbuch und sagte: „Danke, liebe Kinder, da sind ja schon richtig tolle Ideen dabei. Lasst uns alles nach den Ferien noch einmal besprechen."

Als die diesen Satz ausgesprochen hatte, erklang das Klingeln, welches die letzte Stunde vor den Herbstferien, beendete. Frau Richter verabschiedete sich von ihrer Klasse und wünschte allen schöne Ferien.

Maja und Tom hatten viel vor, in den zwei Ferienwochen. Sie wollten mit ihren Eltern und Geschwistern verreisen und, wie konnte es anders sein, Cleo, Engel, Nikolaus, Maria und ihre alten Freunde, im „Kindergarten Wirbelwind" besuchen.

ENDE

Liebe Leserinnen und liebe Leser, liebe Kinder.

Ich hoffe, dass euch meine Sommergeschichte gefallen hat. Wenn ja, würde ich mich sehr über eine Rezension von euch freuen. Es wäre nämlich toll, wenn noch mehr Leser auf Majas Geschichte aufmerksam werden würden.

Ich wünsche euch eine schöne Sommer- und Urlaubszeit.

Alles Liebe und bis bald,

eure Ines.

Danksagung

Danke an meinen Mann Dirk und meine Tochter Maria, denen ich ja nun schon seit Majas erster Reihe, Majas Abenteuer, nun auch diese Geschichte immer und immer wieder vorgelesen habe und die mir dabei geholfen haben, die richtigen Worte und Formulierungen zu finden.

Danke an Thalea für deine tatkräftige Unterstützung, egal ob beim Cover oder wenn ich mal nicht weiterweiß. Du bist immer für mich da. Ohne dich wären Majas Abenteuer nicht das, was sie jetzt sind.

Danke an euch Leserinnen und Leser, egal ob groß oder klein. Schön, dass ihr Majas großer Tag gelesen habt.

Und Danke an meine Seelenkatze Cleopatra, du treue Seele. Ich bin so froh, dass es dich gibt. Es ist so wunderbar, dich an meiner Seite zu haben. Du gibst mit so viel Liebe und Kraft.

Cleopatra, meine Muse

In der Reihe Majas Abenteuer sind bereits 8
Geschichten bei Amazon erschienen:

Majas flauschiges Weihnachtswunder: Eine kleine Weihnachtsgeschichte

Majas märchenhaftes Osterfest: Eine kleine Ostergeschichte

Majas abenteuerliches Sommermärchen: Eine kleine Sommergeschichte

Majas große Halloweenparty: Eine kleine Halloweengeschichte

Majas Wunderlampe: Eine kleine Weihnachtsgeschichte

Maja und die Sache mit dem Glück: Eine kleine Ostergeschichte

Maja und das Zuckertütenfest: Eine kleine Sommergeschichte

Maja und der Traum vom großen Wasser: Eine kleine Sommergeschichte

Es gibt auch noch eine Weihnachtsgeschichte, mit einer kleinen Eule, namens Paula, von mir.

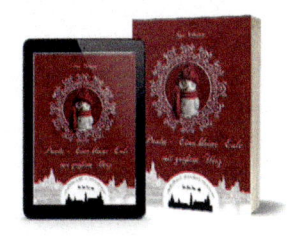

Paula - Eine kleine Eule mit großem Herz

~ Zauberhafte Dresdner Weihnacht ~

Und darum geht's...

Paula ist eine kleine Eule, die in Dresden, der Landeshauptstadt von Sachsen, Zuhause ist. Mit ihren Eltern, Hildegard und Fridolin, und ihren beiden älteren Geschwistern, Hanna und Felix, lebt sie im Turm der Dresdner Kreuzkirche am Altmarkt. Dort hat die Eulenfamilie eine sehr kuschlige Wohnung mit tollem Ausblick. Paula ist eine wissbegierige kleine Eule, die ihre erste Advents- und Weihnachtszeit erlebt und dadurch sehr interessiert und neugierig auf alles und Jeden ist. Gerade in dieser Zeit passieren die zauberhaftesten Dinge, von denen ich euch gern erzählen möchte. Lasst euch einfach von mir in das zauberhaft verschneite Dresden entführen und lest selbst...

Eine Geschichte für Jung und Alt.

Deutschsprachige Erstausgabe

Taschenbuchformat August 2024

Copyright 2024 Ines Wiesner

Alle Rechte vorbehalten

Nachdruck, auch auszugsweise, nicht gestattet.

Das Werk, einschließlich seiner Teile,

ist urheberrechtlich geschützt.

Lektorat: D. Wiesner

Korrektorat: D. Wiesner

Covergestaltung: www.thaleaklein.de

Satz: Ines Wiesner

Bildmaterial: Thalea Klein, Pixabay

Independetly published

1. Auflage

Wenn ihr mich erreichen wollt, findet ihr mich auf Facebook und Instagram.
Oder ihr schreibt mir eine E-Mail:
InesWiesner278@gmail.com.

Printed in Great Britain
by Amazon